Gente que hay que conocer

Amelia Earhart

Jonatha A. Brown

Consultora de lectura: Susan Nations, M.Ed., autora/tutora de alfabetización/consultora

WR WEEKLY READER
EARLY LEARNING LIBRARY

Please visit our web site at: www.earlyliteracy.cc
For a free color catalog describing Weekly Reader® Early Learning Library's list
of high-quality books, call 1-877-445-5824 (USA) or 1-800-387-3178 (Canada).
Weekly Reader® Early Learning Library's fax: (414) 336-0164.

Library of Congress Cataloging-in-Publication Data available upon request from publisher.
Fax (414) 336-0157 for the attention of the Publishing Records Department.

ISBN 0-8368-4581-1 (lib. bdg.)
ISBN 0-8368-4588-9 (softcover)

This edition first published in 2005 by
Weekly Reader® Early Learning Library
330 West Olive Street, Suite 100
Milwaukee, WI 53212 USA

Copyright © 2005 by Weekly Reader® Early Learning Library

Based on *Amelia Earhart* (Trailblazers of the Modern World series) by Lucia Raatma
Editor: JoAnn Early Macken
Designer: Scott M. Krall
Picture researcher: Diane Laska-Swanke
Translators: Tatiana Acosta and Guillermo Gutiérrez

Photo credits: Cover, title © Topical Press Agency/Getty Images; p. 4 © Getty Images; pp. 5, 10, 18, 19, 20
© AP/Wide World Photos; p. 7 © Sasha/Getty Images; p. 9 © APA/Getty Images; p. 11 © Keystone/Hulton
Archive/Getty Images; p. 13 © American Stock/Getty Images; p. 15 © J. Gaiger/Topical Press Agency/
Getty Images; p. 17 © Hulton Archive/Getty Images

Printed in the United States of America

1 2 3 4 5 6 7 8 9 09 08 07 06 05

Contenido

Las palabras del Glosario van en **negrita**
la primera vez que aparecen en el texto.

Capítulo 1: Los primeros años

Amelia Mary Earhart nació el 24 de julio de 1897. Amelia vivía en Kansas con sus padres y su hermana Muriel. Los abuelos de Amelia vivían cerca y con frecuencia cuidaban a las niñas.

Amelia y Muriel eran más que hermanas, eran mejores amigas. A las dos les gustaba jugar al aire libre y, de hecho, preferían jugar pelota que jugar a algo más tranquilo en casa. Como vivían cerca del Mississippi, la orilla del río era un sitio ideal para sus juegos: iban de pesca y

A Amelia y a su hermana Muriel les gustaba jugar al aire libre. Amelia es la que sostiene el perro de juguete.

exploraban. ¡A estas hermanas les gustaba la **aventura**!

Algunas personas creían que estas chicas eran demasiado inquietas. Algunos hasta pensaban que se comportaban como chicos. En aquella época, a la mayoría de las chicas se las educaba para que fueran tranquilas y delicadas. Pero los Earhart no educaron a sus niñas de esa manera. Querían que sus hijas fueran activas y **curiosas**.

Ésta es la casa donde nació Amelia.

La vida familiar de Amelia no era siempre diversión. Su padre tenía problemas y no duraba mucho en ningún empleo. Finalmente, su esposa lo dejó y se mudó con las niñas a Chicago. Para Amelia, la mudanza fue muy dura. Extrañaba a su padre y quería que su familia volviera a estar unida.

Tras la mudanza, Amelia cambió. No hablaba, ni pasaba mucho tiempo con otros niños. Se esforzaba en la escuela y estudiaba mucho. Amelia seguía su propio camino.

Otra aventura

En 1917, a los veinte años, Amelia se sentía una persona adulta y deseaba vivir por su cuenta. Como además quería ir a la universidad en otro sitio, dejó su casa y se fue a estudiar cerca de Filadelfia. Allí, Amelia conoció a mucha gente nueva. Tomó todo tipo de cursos y también trabajó. En su tiempo libre, Amelia montaba a caballo y jugaba al tenis. Todo le parecía una aventura. Le divertía hacer cosas nuevas.

Durante toda su vida, a Amelia le gustó probar cosas nuevas.

Amelia fue a visitar a Muriel en Canadá. Allí vio a hombres que habían estado luchando en una guerra; algunos estaban malheridos. Amelia quería ayudar. El año siguiente se convirtió en ayudante de enfermera y atendió a soldados heridos. Cuando la guerra terminó, Amelia pensó que le gustaría ser médico, así que se fue a estudiar a Nueva York.

Capítulo 2: Aprender a volar

En la época en que Amelia estuvo lejos de casa, sus padres se reconciliaron. La pareja se mudó a California y Amelia fue a visitarlos. En ese viaje, su padre la llevó a un espectáculo aéreo. Era la primera vez que Amelia veía un espectáculo de este tipo. Los aviones pasaban sobre sus cabezas, y los pilotos hacían piruetas. Era un espectáculo entretenido.

Un nuevo sueño

El espectáculo le dio a Amelia una idea: se subiría a un avión. Pocos días después, eso fue lo que hizo. Le pagó a un piloto para que la llevara en un vuelo. El vuelo duró apenas diez minutos, pero fue suficiente. En esos pocos minutos, Amelia cambió de idea: no sería médico. ¡Tenía que aprender a volar! En aquella época, la mayoría de la gente pensaba que pilotar un avión era cosa de hombres. Muchos creían que las mujeres

Las mujeres obtuvieron el derecho al voto en 1920. Sin embargo, muchos aún opinaban que las mujeres no debían pilotar un avión.

debían cuidar de sus hogares y criar a los hijos. Algunas podían ser **secretarias**, enfermeras o maestras, pero lo de volar debían dejárselo a los hombres.

A Amelia no le importaba la opinión de la gente.

Se quedó en California y se inscribió en clases de pilotaje. Luego, consiguió un trabajo en una compañía telefónica para pagárselas. Amelia trabajaba muy duro durante toda la semana y se iba a volar los fines de semana.

Vestida para volar

Cuando pilotaba un avión, Amelia se vestía como un hombre. Algunos pensaban que debía ponerse una falda y lindos zapatos. Pero Amelia sabía que una falda la estorbaría para pilotar y unos zapatos finos se ensuciarían. Tenía que ponerse pantalones y botas. También necesitaba **gafas de pilotar** y una chaqueta de cuero. Amelia se ponía lo más adecuado para un piloto.

En 1922, Amelia obtuvo su licencia de piloto. Por fin podía pilotar un avión sola. En aquella época, Amelia era una de las pocas mujeres piloto en el mundo.

Amelia tuvo que aprender a controlar un avión.

Capítulo 3: La mudanza a Boston

Aunque ya tenía su propio avión, Amelia no lograba encontrar trabajo como piloto. Nadie iba a pagarle a una mujer para que pilotara un avión. Para ganar dinero, Amelia tenía que hacer "trabajos de mujeres".

Los padres de Amelia se **divorciaron** en la década de 1920. Tras el divorcio, la madre de Amelia y Muriel decidieron mudarse. Querían vivir en Boston. Amelia decidió ir con ellas, así que vendió su avión y usó el dinero para comprarse un auto. Después se fue

Manejar de California a Boston

En 1926, los autos no andaban muy rápido. Además, muchas carreteras no estaban en buenas condiciones. Hacer el viaje le tomó a Amelia bastante tiempo. Pero eso no le importaba. ¡Amelia aún amaba la aventura!

Amelia pasaba en un avión todo el tiempo que podía.

manejando hasta Boston.

En Boston, Amelia encontró un empleo. Trabajaba con niños y enseñaba inglés a personas de otros países. También se metió en un grupo de pilotos. Pilotaba aviones cada vez que podía.

La oportunidad de ser la primera

Un día, Amelia recibió una llamada telefónica de un desconocido. Se llamaba Hilton Railey y quería hacerle una pregunta. ¿Le gustaría cruzar el océano Atlántico en avión? Ninguna mujer había hecho algo así. El vuelo sería el primero en la historia. A Amelia le gustó mucho la idea. Pensó que podría ser una gran aventura, así que aceptó. Amelia estaba muy emocionada. Luego se enteró de que sería la **comandante** del vuelo: no iba a pilotar el avión; dos hombres iban a hacerlo. Amelia se sintió desilusionada, pero aun así decidió ir.

Hilton Railey y Amelia estaban muy emocionados con la travesía del océano.

Capítulo 4: Volar alto

El 3 de junio de 1928, Amelia y los dos pilotos se subieron al avión. Despegaron de Boston y volaron hacia el norte, hasta Terranova. Allí cargaron combustible. Esperaban que fuera suficiente para cruzar el océano.

Los tres miembros del vuelo habían planeado partir inmediatamente. Pero, de repente, empezó a hacer mal tiempo. Tenían que esperar a que el tiempo mejorara. Así pasaron dos semanas.

Sobre el Atlántico

Finalmente, el 17 de junio el tiempo mejoró. Los tres viajeros se volvieron a subir en el avión y despegaron. Se dirigieron hacia el este; el viaje había comenzado. El vuelo empezó bien; luego, llegó la noche. De repente, la radio del avión dejó de funcionar. Siguieron avanzando, pero no sabían dónde estaban exactamente. A la mañana siguiente, aún sobrevolaban el océano y casi no les quedaba combustible. Pero entonces, avistaron tierra. El avión aterrizó poco después en Gales. ¡Lo habían logrado!

Amelia se hizo famosa con ese vuelo. Los dos hombres que pilotaron el avión recibieron menos atención. Varios hombres ya habían completado vuelos largos, pero ninguna mujer lo había hecho. Muchos querían oír la experiencia de Amelia y hasta le pagaron para que diera charlas y escribiera libros.

Amelió contó la historia de su vuelo una y otra vez.

Con el dinero que ganó, Amelia se compró un nuevo avión. Con este avión, Amelia atravesó el país en un viaje de ida y vuelta. En ese viaje, voló en **solitario** — nadie la acompañaba. Una vez más, Amelia hizo algo que ninguna mujer había hecho antes.

En 1931, Amelia se casó con George Putnam. George sabía que Amelia amaba la aventura, y pensaba que no iba a

George Putnam no intentó cambiar a Amelia. A él le agradaba su espíritu aventurero.

Cuando completó su vuelo en solitario sobre el océano, Amelia fue recibida por una multitud que la aclamaba.

querer quedarse en casa. Tenía razón; después de casarse, Amelia siguió volando. También siguió dando charlas. A menudo les decía a las mujeres que eran capaces de hacer muchas de las cosas que hacían los hombres.

Al año siguiente, Amelia volvió a volar sobre el

Atlántico. Pero, esta vez, ella era la piloto, y volaba en solitario. Fue un vuelo difícil. El avión tuvo algunos problemas, y Amelia se metió en una tormenta. Al final, aterrizó sin incidentes. Fue la primera mujer en hacer ese largo viaje sola.

Amelia y su copiloto se ven relajados la noche antes de su último vuelo.

Durante los años que siguieron, Amelia estableció nuevos récords. Entonces decidió volar alrededor del mundo. Sería un viaje **arriesgado**. Algunos pensaban que demasiado. Amelia no estaba de acuerdo; estaba segura de que podría hacerlo. Contrató a algunos hombres para que la ayudaran, y empezó a planificar su viaje.

El primer intento comenzó en marzo de 1937. Amelia y uno de los hombres salieron de California en dirección a Hawai, donde cargaron combustible. Entonces se les presentó un problema. En el despegue, el avión no iba lo bastante rápido. Amelia perdió el control y el tren de aterrizaje se partió. Hubo que arreglar el avión, y el viaje tuvo que esperar.

Desaparecidos

Amelia volvió a intentarlo el 1 de junio. Esta vez en el avión iban Amelia y otro piloto. No iba nadie más a bordo. Volaron día tras día, parando con frecuencia para cargar combustible. El 30 de junio llegaron a la isla de Nueva Guinea, donde echaron combustible y volvieron a despegar. Se dirigían a la isla Howland, una islita muy pequeña en el océano Pacífico. Nadie sabe qué sucedió, pero Amelia nunca llegó a esa isla. Cuando el avión no llegó a la hora prevista, se inició una búsqueda. Nunca se encontró nada. El avión había desaparecido. El copiloto había desaparecido. Amelia había desaparecido. Es un **misterio** aún sin resolver.

Glosario

arriesgado — lleno de peligros

aventura — hecho emocionante o peligroso

comandante — persona al mando de algo

curioso — interesado en aprender más cosas sobre algo

divorciarse — terminar un matrimonio

gafas de pilotar — anteojos que se ajustan sobre la cara y que se usan para proteger los ojos

misterio — algo que no se conoce o no se comprende

secretaria — trabajadora contratada para escribir cartas y llevar el trabajo de oficina

solitario — sin compañía

Más información

Otros libros en español de Weekly Reader Early Learning Library

El tiempo de aquí por Anita Ganeri:

- *La lluvia*
- *La nieve*
- *El sol*
- *El viento*

¡Vámonos! por Susan Ashley:

- *En autobús*
- *En carro*
- *Por avión*
- *Por tren*

Índice

Información sobre la autora

Jonatha A. Brown ha escrito varios libros para niños. Vive en Phoenix, Arizona, con su esposo y dos perros. Si alguna vez te pasas por allí y ella no está trabajando en algún libro, lo más probable es que haya salido a cabalgar o a ver a uno de sus caballos. Es posible que esté fuera un buen rato, así que lo mejor es que regreses más tarde.

B E12B   HPARX
Brown, Jonatha A.
Amelia Earhart /

PARK PLACE
01/12